Este libro pertenece a:

Ilustrado por Paula Knight (Advocate)
Especialista en lengua inglesa: Betty Root

Esta edición publicado en 2005 por Parragon Publishing

Parragon Publishing
Queen Street House
4 Queen Street
BATH, BA1 1HE, UK

ISBN   0-75258-380-8

Impreso en China

MIS PRIMERAS 100 PALABRAS

Ilustrado por
Paula Knight

Mis Primeras Palabras en Español

p

Mi familia

Mamá

Papá

el hermano

la hermana

el bebé

la abuela

el abuelo

el perro

En mi casa

la puerta   la ventana   la alfombra   la televisión

la silla

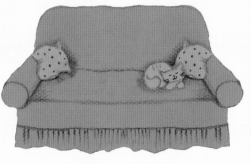
el sofá

la mesa

las flores

Mi ropa

la camiseta los calzoncillos   el pantalón corto   los pantalones

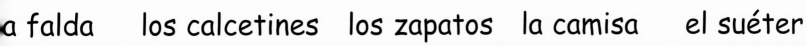

a falda   los calcetines   los zapatos   la camisa   el suéter

La comida

el tazón

el plato

el jarro

el cuchillo

 el tenedor    la cuchara    la taza    el platillo

La hora de jugar

el tren   la trompeta   el tambor   los bloques de madera

la caja sorpresa   la muñeca   las pinturas   el rompecabezas

En la ciudad

el autobús

el camión

la tienda

la bicicleta

el carro   el cochecito   el coche de bomberos   la moto

En el parque

los columpios   el tobogán   el subibaja   la pelot

la verja   el árbol   el pájaro   la cometa

Junto al mar

el cubo   la pala   el helado   el pez   el castillo de aren

la playera

el cangrejo

el barco

la concha

En la tienda

la canasta   el carrito   los plátanos   las manzanas   las naranjas

as zanahorias   el pan   los tomates   la leche   el queso

En la granja

el caballo   la vaca   el granjero   el puerco

la gallina

el gato

la oveja

el tractor

La hora del baño

el cepillo para los dientes   la pasta de dientes   el baño

el pato   el jabón   la toalla   el orinal de niño   la vasija

A la cama

la lámpara

las pantuflas

la cama

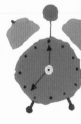

el relo

el libro

la luna

el pijama

el oso

Los meses del año

enero
febrero
marzo
abril
mayo
junio
julio
agosto
septiembre
octubre
noviembre
diciembre

Los días de la semana

lunes
martes
miércoles
jueves
viernes

sábado
domingo

Los números

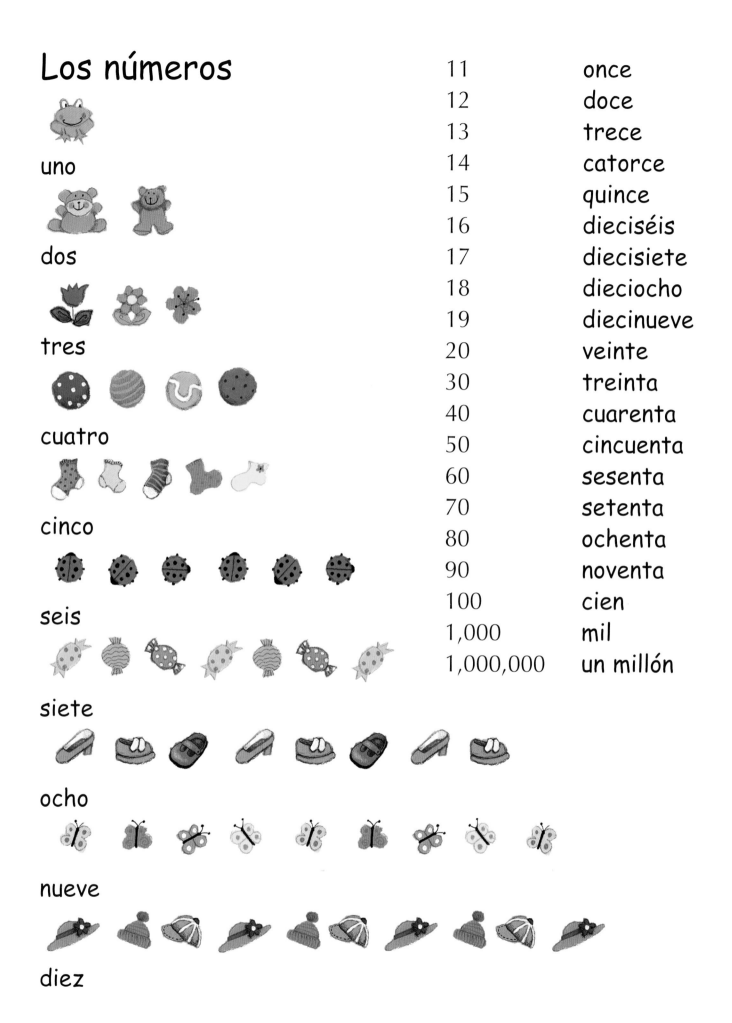

uno

dos

tres

cuatro

cinco

seis

siete

ocho

nueve

diez

11	once
12	doce
13	trece
14	catorce
15	quince
16	dieciséis
17	diecisiete
18	dieciocho
19	diecinueve
20	veinte
30	treinta
40	cuarenta
50	cincuenta
60	sesenta
70	setenta
80	ochenta
90	noventa
100	cien
1,000	mil
1,000,000	un millón

Las partes del cuerpo

el pelo

el ojo

la oreja

la nariz

la boca

el cuello

el brazo

el pulgar

la mano

el dedo
(de la mano)

la pierna

la rodilla

el dedo (del pie)

el pie

Los colores

blanco

rojo

amarillo

rosado

negro

azul

café

verde

rosa

morado

anaranjado

gris

¿Puede emparejar los siguentes dibujos?

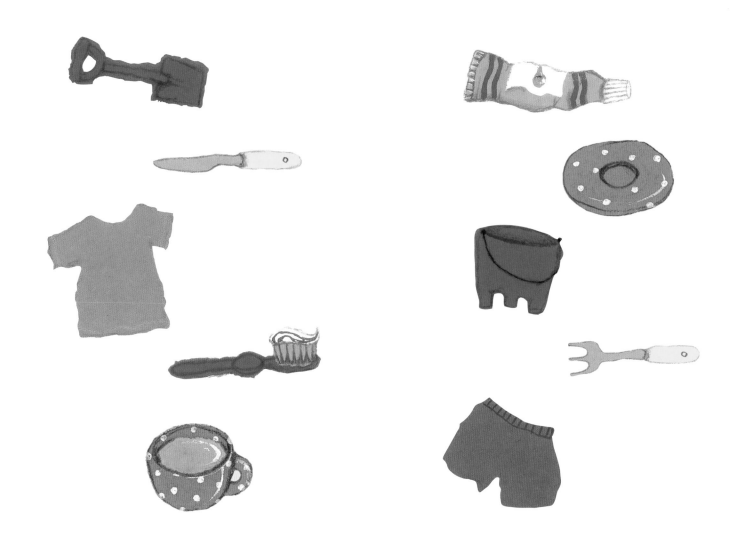

Encuentre el dibujo correcto que corresponde con cada palabra a continuación.

el cepillo para los dientes   la pala   el platillo

el tenedor   la playera   el pantalón corto

el cuchillo   el cubo   la taza   la pasta de dientes